www.ingramcontent.com/pod-product-compliance
Lightning Source LLC
LaVergne TN
LVHW010620070526
838199LV00063BA/5209
* 9 7 8 9 3 5 8 7 2 3 9 7 7 *

برقی شعائیں

(سائنسی نظمیں)

ڈاکٹر احمد علی برقی اعظمی

© Taemeer Publications LLC
Barqi Shoaein (Poetry)
by: Ahmad Ali Barqi Azmi
Edition: December '2023
Publisher :
Taemeer Publications LLC (Michigan, USA / Hyderabad, India)

ISBN 978-93-5872-397-7

9 789358 723977

مصنف یا ناشر کی پیشگی اجازت کے بغیر اس کتاب کا کوئی بھی حصہ کسی بھی شکل میں بشمول ویب سائٹ پر اَپ لوڈنگ کے لیے استعمال نہ کیا جائے۔ نیز اس کتاب پر کسی بھی قسم کے تنازع کو نمٹانے کا اختیار صرف حیدرآباد (تلنگانہ) کی عدلیہ کو ہو گا۔

© تعمیر پبلی کیشنز

کتاب	:	**برقی شعاعیں** (سائنسی نظمیں)
مصنف	:	**ڈاکٹر احمد علی برقی اعظمی**
پروف ریڈنگ / تدوین	:	اعجاز عبید
صنف	:	شاعری
ناشر	:	تعمیر پبلی کیشنز (حیدرآباد، انڈیا)
سالِ اشاعت	:	۲۰۲۳ء
صفحات	:	۵۴
سرورق ڈیزائن	:	تعمیر ویب ڈیزائن

فہرست

(۱)	پیش گفتار	7
(۲)	ہے توازن میں خلل وجہ وقوع زلزلہ	8
(۳)	سنامی	11
(۴)	طوفان نرگس	13
(۵)	پلوٹو کی طرف	15
(۶)	اوج تعلیم وترقی کا نشاں ہے سائنس	17
(۷)	عالمی سائنس ڈے سب کو منانا چاہیے	18
(۸)	پولیو کی ہے ضروری روک تھام	20
(۹)	ہے یہ تحقیق سماوی کا مشن تاریخ ساز	22
(۱۰)	آیئے مل کر منائیں عالمی اوزون ڈے	23
(۱۱)	بیاد کلپنا چاولا	25
(۱۲)	آر کے پچوری چیئرمین IPCC کو نوبل انعام برائے صلح ملنے پر	27
(۱۳)	منحصر ہے آج انٹرنیٹ پہ دنیا کا نظام	29

(۱۴)	آج ہے انفارمیشن ٹکنولوجی کی بہار	31
(۱۵)	آج سب کی دشمن جاں ہے گلوبل وارمنگ	33
(۱۶)	ہے گلوبل وارمنگ عہد رواں میں اک عذاب	35
(۱۷)	ہم مناتے ہیں کیوں عالمی ارض ڈے	37
(۱۸)	ایڈز کا کس طرح ہو گا سد باب	39
(۱۹)	ہے آلودگی باعث حادثات	41
(۲۰)	ہے آلودگی نوع انساں کی دشمن	43
(۲۱)	ہر کوئی آلودگی کا ہے شکار	45
(۲۲)	آلودگی مٹائیں	47
(۲۳)	کیجئے آلودگی کا سد باب	48
(۲۴)	جدھر دیکھو ادھر آلودگی ہے	50
(۲۵)	زد میں آلودگی کی ہیں پیر و جواں	51
(۲۶)	بیاد سرسید	53

(۱) پیش گفتار

ہیں یہ اشعار وقت کی آواز
نظم کا یہ صحافتی انداز
کیوں نہ اردو ادب میں ہو ممتاز
پیش گفتار ہے یہ اک منظوم
جو کہ ہے روح عصر کی غماز
آئینہ ہے یہ عصر حاضر کا
جس سے ظاہر ہے سب نشیب و فراز
کوئی ناشاد ہے کوئی ہے شاد
ہے کہیں سوز اور کہیں ہے ساز
ہے فضا آج اس قدر مسموم
جس سے لوگوں کا حال ہے ناساز
صنعتی پیشرفت کا یہ دور
ہے نظام جدید کا آغاز
اڑ رہے ہیں فضا میں سٹ لائٹ
آج سائنس کا ہے یہ اعجاز
لکھ رہا ہوں وہی میں اے برقیؔ
جو ہے میرے ضمیر کی آواز

(۲) ہے توازن میں خلل وجہ وقوع زلزلہ

۸ اکتوبر ۲۰۰۵ء کا خوفناک زلزلہ: منظوم تاثرات

"گاہے گاہے باز خوان این قصۂ پارینہ را"

آٹھ اکتوبر کو آیا اک بھیانک زلزلہ
تھا شمالی ہند میں یہ روح فرسا سانحہ
آ گیا سطح زمیں کی جب پلیٹوں میں خلل
تھا ہلاکت خیز لوگوں کے لئے یہ حادثہ
ہے یہ فطرت کے توازن کے بگڑنے کا عمل
ہے شک و تردید کا اس میں نہیں کچھ شائبہ
ایک جھٹکے میں ہلا کر رکھ دیا بر صغیر
بعد آن تھا ہر طرف آہ و بکا کا سلسلہ
خوف سے اپنے گھروں سے لوگ باہر آ گئے
ہر طرف تھا بھاگنے والوں کا لمبا قافلہ
وادیِ کشمیر میں تھا ہر طرف محشر بپا
زندگی بھر یاد رکھیں گے سبھی یہ زلزلہ

"بارامولا" اور "اری" کا حال تھا ناگفتہ بہ
یہ ہلاکت خیز منظر تھا وہاں بے سابقہ
اہل پاکستان تھے اس سانحے سے دم بخود
تھا وہاں پر اس صدی کا یہ بھیانک زلزلہ
"مرغلہ ٹاور" ہوا دم بھر میں پیوند زمیں
پوچھتے تھے لوگ آپس میں کہاں ہے "مرغلہ"
ساکت و صامت تھے فرط غم سے صدہا ساکنین
خوف و وحشت سے ہوا تھا بند ان کا ناطقہ
تھا یہ پاکستان ٹی وی کے مناظر سے عیاں
تھے دعا گو ہاتھ عبرتناک تھا یہ واقعہ
ایسے بھی کچھ لوگ تھے تھی موت جن کے سامنے
زندگی اور موت میں بالکل نہ تھا کچھ فاصلہ
ہر طرف تھے لرزہ بر اندام سب پیرو جواں
ان کے چہروں پر نہ تھا کوئی بھی جوش و ولولہ
ہر طرف بکھری تھیں لاشیں کہہ رہے تھے لوگ یہ
پھر پڑے ایسا نہ اے اللہ ہم کو سابقہ
تاش کے پتوں کی صورت گر رہی تھیں بلڈنگیں
تھا بہت دشوار لوگوں کے لئے یہ مرحلہ
ہو گئے ناپید نقشے سے نہ جانے کتنے گاؤں
شہر کی ویرانیوں سے تھے ہزاروں غمزدہ

سب کو اپنی فکر تھی کوئی نہ تھا پرسان حال
صرف تا حد نظر تھا فاجعہ ہی فاجعہ
بن گئے اسکول "بالاکوٹ" میں بچوں کی قبر
ناگہانی موت سے ان کو پڑا جب واسطہ
بجھ گئے کتنے گھروں کے اس تباہی سے چراغ
تلخ ہے ان کے لئے اب زندگی کا ذائقہ
دیکھ کر فطرت کا یہ غیض و غضب انسان پر
تھا لبوں پر الامان و الحذر بیساختہ
درس عبرت ہے ہمارے واسطے احمد علی
آج جو درپیش ہے ہم کو بشکل زلزلہ

(۳) سنامی

فطرت کے مظاہر کی نشانی تھی سنامی
چھبیس دسمبر کو جو آئی تھی سنامی
تاریخ جہاں میں نہیں اس کا کوئی ثانی
ٹکرانے سے گہرائی میں دریا کی پلیٹیں
طوفان بلا خیز تھی موجوں کی روانی
جاوا ہو نکوبار ہو یا ساحل مدراس
ہر سمت تھا تا حد نظر پانی ہی پانی
سائنس کی تحقیق سے یہ بات ہے ثابت
کچھ بھی نہیں یہ بعد زمانی و مکانی
تھے زد میں سنامی کی بیک وقت کئی ملک
دم بھر میں ہوئی ختم ہزاروں کی کہانی
دم بھر میں فنا ہو گئے کتنے ہی جزیرے
دراصل سنامی تھی قیامت کی نشانی
ظاہر ہوئی ہر اہل نظر پر یہ حقیقت
کس درجہ ہولناک تھی موجوں کی روانی
قلت ہو اگر اسکی تو ہے قحط کا باعث

سیلاب کی صورت میں خطرناک ہے پانی
اس بات سے ثابت ہوئی یہ تلخ حقیقت
فطرت کے مظاہر کی نشانی تھی سنامی
کونین کی ہر چیز توازن پہ ہے قائم
فقدان توازن ہے تباہی کی نشانی
فطرت کا توازن جو مٹانے پہ تلے ہیں
دراصل ہے یہ ان کا عمل دشمن جانی
فطرت کے قوانین میں بیجا ہے تصرف
اچھی نہیں انسان کی یہ ریشہ دوانی
اس جوہری طاقت پہ نہ اتراؤ خدارا
فطرت سے ہے ٹکراؤ تباہی کی نشانی
نازک ہے بہت خالق و مخلوق کا رشتہ
ہے صرف بقا اس کو ہر اک چیز ہے فانی
ماحول ہے بہتر تو صحتمند ہے سب کچھ
نقصان اٹھائیں گے جو یہ بات نہ مانی
عبرت کا ہے درس ہمارے لئے برقیؔ
اللہ کرے آئے دوبارہ نہ سنامی

(۴) طوفان نرگس

آج میانمار ہے طوفان "نرگس" کا شکار
ہے گلوبل وارمنگ کا اس پہ یہ بھرپور وار
کیجئے راہ عمل مل جل کے کوئی اختیار
ورنہ آتے ہی رہیں گے یہ حوادث بار بار
ہو گئے برباد لاکھوں ہیں ہزاروں لاپتہ
لوٹنے کا لوگ جن کے کر رہے ہیں انتظار
جا بجا بکھرے ہوئے ہیں ہر طرف لاشوں کے ڈھیر
بچ گئے ہیں جو انہیں ہے اب مدد کا انتظار
ہے یہ فطرت کے توازن کے بگڑنے کا عمل
آ رہا ہے ایک طوفان حوادث بار بار
کوئی پیمان "کیوٹو" پر نہیں کرتا عمل
ان مسائل کے لئے ہے نوع انساں ذمہ دار
اب بھی گر سوچا نہ اس آغاز کے انجام پر
آج میانمار ہے کل ہو گا اس کا ہم پہ وار
پہلے "ریٹا" آیا پھر "کٹرینا" اور "نرگس" نے آج
کر دیا ہے دامن انسانیت کو تار تار

آج ہے درکار ان کو بین الاقوامی مدد
جو ہیں میانمار میں طوفان "نرگس" کے شکار
آج ہیں ہر ملک کو درپیش ایسے سانحے
پہلے بنگلا دیش تھا سیلاب و طوفاں کا شکار
ہر طرح کا ہے پلوشن باعث سوہان روح
اس سے بچنے کی کریں تدبیر فوراً اختیار
وقت کی ہے یہ ضرورت آج اے احمد علی
رکھیں فطرت کے توازن کو ہمیشہ برقرار

(۵) پلوٹو کی طرف

اب پلوٹو کی طرف راکٹ ہے سرگرم سفر
جب ہوئی اکیس جولائی کو تسخیر قمر
نوع انساں کے لئے حیران کن تھی یہ خبر
ہیں مسخر ابن آدم کیلئے ماہ و نجوم
کرتی ہیں آیات قرآں ہم کو اس سے باخبر
معجزہ شق القمر کا تھا عیاں تصویر سے
محو حیرت دیکھ کر جس کو تھے ارباب نظر
ہے یہ قدرت کا کرشمہ ابن آدم کا عروج
تھی شب معراج جس کا نقطۂ آغاز گر
ہو گئی سائنس کی تحقیق سے یہ بات صاف
جو کہا تھا سید الکونین نے تھا معتبر
وہ فضا تھی سید الابرار کے زیر قدم
اڑ رہے ہیں آج سٹ لائٹ جہاں بے بال و پر
ہے خلا بازوں کی زد میں اب نظام کائنات
جتنے سیارے ہیں سب ہیں ان کے منظور نظر
صرف مریخ و قمر تک ہی نہیں محدود یہ

اب پلوٹو کی طرف راکٹ ہے سرگرم سفر
مشتری، زہرہ، عطارد، شمس، مریخ و زحل
دے رہے ہیں دعوت فکر و عمل شام و سحر
آج ہیں کس حال میں یہ آب و آتش خاک و باد
مل رہی ہے ان کی سٹ لائٹ سے ہر لحظہ خبر
متفق احمد علی برقیؔ ہیں سب اس بات پر
کاشف اسرار فطرت آج ہے نوع بشر

(۶) اوج تعلیم و ترقی کا نشاں ہے سائنس

عصر حاضر میں ہر ایجاد کی ماں ہے سائنس
آج منظور ہر اک پیر و جواں ہے سائنس
کوئی شعبہ نہیں جس میں نہ ہو سائنس کا دخل
روز روشن کی طرح سب پہ عیاں ہے سائنس
وقت کا ہے یہ تقاضا کہ پڑھیں سب سائنس
اوج تعلیم و ترقی کا نشاں ہے سائنس
کرہ ماہ پہ انسان نے رکھا ہے قدم
سوئے مریخ رواں اور دواں ہے سائنس
اس کی تحقیق سے روشن ہوئے حکمت کے چراغ
دافع تیرگیِ وہم و گماں ہے سائنس
آج دنیا سمٹ آئی ہے درون خانہ
ماحیِ فاصلۂ کون و مکاں ہے سائنس
دور حاضر میں نہیں اس کا کوئی بھی ہمسر
شعبدہ باز کہاں اور کہاں ہے سائنس
بہرہ ور ہیں سبھی فیضان سے اس کے برقیؔ
خدمت خلق کی اک جوئے رواں ہے سائنس

(۷) عالمی سائنس ڈے سب کو منانا چاہئے

ایک مرکز پر سبھی کو مل کے آنا چاہئے
عالمی سائنس ڈے سب کو منانا چاہئے

لوگ ہیں سائنس پڑھ کر کامیاب و با مراد
ہم کو بھی اپنا مقدر مانا چاہئے

آج ہے سائنس ہی قفل سعادت کی کلید
ہر کسی کو فائدہ اس سے اٹھانا چاہئے

جو بھی ہیں لہو و لعب کے عصر حاضر میں شکار
نغمہ سائنس ان کو گنگنانا چاہئے

جس میں ہو انفارمیشن ٹکنولوجی کا ثمر
ہم کو نخل آرزو ایسا لگانا چاہئے

فرض ہے تحصیل علم عصر روئے حدیث
چین بھی جانا پڑے تو ہم کو جانا چاہئے

تاکہ ہو شرمندۂ تعبیر سر سید کا خواب
علم کا ماحول اب ہم کو بنانا چاہئے

افتخارِ ملک و ملت آج ہیں ۔۔" عبد الکلام"
ان کے ہی نقش قدم پر ہم کو جانا چاہئے

جن کو حاصل ہے زمانے میں فضیلت علم سے

داستاں ان کی زمانے کو سنانا چاہئے
'جامعہ ہمدرد' ہے ون مین شو کی اک مثال
یادگار ایسی زمانے میں بنانا چاہئے
"ڈاکٹر ممتاز احمد خاں۔۔" کی شمع " الامین"
ایک مشعل ہے جسے ہر سو جلانا چاہئے
کھولئے اس سے دریچہ اپنے ذہن و فکر کا
علم کا جوہر زمانے کو دکھانا چاہئے
زینۂ اوج ترقی ہے یہی سب کیلئے
زیور تعلیم سے خود کو سجانا چاہئے
ہے ضرورت وقت کی سائنس ہو جزو نصاب
خواب غفلت سے سبھی کو اب جگانا چاہئے
چل رہا ہے کاروبار زندگی سائنس سے
اس سرود سرمدی کو سب کو گانا چاہئے
ہے عروس علم حاضر سب کی منظور نظر
دل لگانا ہو تو اس سے دل لگانا چاہئے
علم کی ترویج ہے ملی فریضہ اس لئے
اپنا فرض منصبی سب کو نبھانا چاہئے
دے رہا ہے دعوت فکرو عمل احمد علی
اپنا جو کردار ہے سب کو نبھانا چاہئے

(۸) پولیو کی ہے ضروری روک تھام

پولیو کی ہے ضروری روک تھام

کیجئے بروقت اس کا انتظام

تندرستی کا ہے ضامن یہ ڈراپ

اس لئے لازم ہے اس کا اہتمام

ہے یہ بچوں کے لئے جام صحت

تندرستی کی علامت ہے یہ جام

ہے اگر درکار حفظان صحت

اس مشن کو کیجئے لوگوں میں عام

قوم کے معمار ہیں بچے یہی

ملک کا جو کل سنبھالیں گے نظام

ہے ضروری ان کی ذہنی تربیت

ان میں شاید ہو کوئی عبدالکلام

ہے نمونہ جس کا کردار و عمل

ہے زباں پر ہر کسی کی جس کا نام

شاید ان میں کوئی "سر سید" بھی ہو

جس کا جاری آج تک ہے فیض عام

ہے "علی گڑھ" جس کا میدان عمل
ملک کا روشن کیا ہے جس نے نام
کوئی شاید ہو "حکیم عبدالحمید"
جس کا ہے "ہمدرد" اک نقش دوام
تھا جو اپنے آپ میں اک انجمن
خدمت خلق خدا تھا جس کا کام
۔۔"جامعہ ہمدرد" ہے اس کا ثبوت
استفادہ کر رہے ہیں خاص و عام
"ہر کہ خدمت کرد او مخدوم شد"
ذات پر صادق ہے ان کی یہ کلام
"پولیو" در اصل ہے سوہان روح
اس کا کب ہو گا نہ جانے اختتام
ہو سکا اس کا نہ اب تک سد باب
ہے یہ "برقی" ایک عبرت کا مقام

(۹) ہے یہ تحقیق سماوی کا مشن تاریخ ساز

بھیج کر Phoenix کو مریخ پر با آب و تاب
ہو گیا اپنے مشن میں آج ناسا کامیاب
اب سے بتیس سال پہلے تھا وہاں اسپیس کرافٹ
سن چھہتر میں ہوئی تھی پہلی کوشش کامیاب
ہے نہایت شاد و خرم آج جے پی ایل کی ٹیم
ہے یہ اس کا اک مثالی کارنامہ لاجواب
ہے یہ تحقیق سماوی کا مشن تاریخ ساز
تیسری کوشش ہوئی ہے آج جس کی کامیاب
ہے یہ سرگرداں تلاش زندگی میں اب وہاں
جیسے تا حد نظر صحرا میں ہو کوئی سراب
ہیں مسخر ابن آدم کیلیئے ماہ و نجوم
جس کا ہے قرآن میں واضح اشارہ بے حجاب
ہے ستاروں سے بھی آگے اک جہان بیکراں
اہل دانش کر رہے ہیں آج جس کو بے نقاب
ہے یہ اک احمد علی سائنس کا اوج کمال
جس سے ہے برپا جہاں میں ایک ذہنی انقلاب

(۱۰) آیئے مل کر منائیں عالمی اوزون ڈے

بڑھ رہا ہے گرین ہاؤس گیس سے ۔۔'اوزون ہول'
اب نہیں اخراج پر اس کے کسی کا کنٹرول
ہو رہی ہے اب فضا مسموم اس سے دن بہ دن
ہے اثرانداز ابنائے وطن پر " ایروسول"
اس کی الٹرا وائلٹ کرنیں مضر ہیں اس قدر
جسم کی خلیوں میں ہو جاتا ہے پیدا ان سے خول
کوئی ہے سرطان اور کوئی تنفس کا شکار
ہے اہم اس کا "گلوبل وارمنگ" میں ایک رول
خود بچیں اس کے اثر سے اور لوگوں کو بچائیں
زندگی انمول ہے جس کا نہیں ہے کوئی مول
ہے اگر درکار حفظان صحت سب کے لئے
چاہیئے سب کا بقائے باہمی ہو ایک گول
صرف باتوں سے نہیں ہو سکتا اسکا سد باب
ہوگا " پیمان کیوٹو" سے ہی اس پر کنٹرول
آیئے مل کر منائیں عالمی 'اوزون ڈے'
امن عالم کا ہے ضامن اتحاد اور میل جول

یونہی گر بڑھتی رہی برقی "گلوبل وارمنگ"
اس کی گرمی سے پگھل جائے گا اک دن نارتھ پول

(۱۱) بیادِ کلپنا چاولا

بمناسبت عالمی سائنس ڈے
ہند کی شان تھی کلپنا چاولہ
قابلِ رشک جس کا رہا حوصلہ
جب خلائی مشن پر روانہ ہوئی
طے کیا کامیابی سے ہر مرحلہ
کر کے اسّی سے زیادہ اہم تجربے
سات سائنسدانوں کا یہ قافلہ
جب خلاء سے زمیں پر روانہ ہوا
لوٹتے وقت پیش آ گیا حادثہ
جان دے کر خلاء میں امر ہو گئی
ہے یہ تاریخ کا اک اہم واقعہ
تھی یکم فروری جب وہ رخصت ہوئی
تھا قضاء و قدر کا یہی فیصلہ
جب مناتے ہیں سب لوگ سائنس ڈے
پیش آیا اسی ماہ یہ حادثہ
اہلِ 'کرنال' تنہا نہ تھے دم بخود
جس کسی نے سنا، تھا وہی غمزدہ
اس سے ملتی ہے تحریکِ منزل رسی

ہے نہیں رایگاں کوئی بھی سانحہ
کامیابی کی ہے شرط اول یہی
ہو کبھی کم نہ انسان کا ولولہ
جائے پیدائش اس کی تھی جس گاؤں میں
پوچھتے ہیں سبھی لوگ اس کا پتہ
تم بھی پڑھ لکھ کے اب نام روشن کرو
طے کرو کامیابی سے ہر مرحلہ
ساری دنیا میں رہتے ہیں وہ سرخرو
آگے بڑھنے کا رکھتے ہیں جو حوصلہ
کیوں نہیں ہم کو رغبت ہے سائنس سے
ہے ہمارے لئے لمحۂ فکریہ
غور اور فکر فطرت کے اسرار پر
ہے یہی اہل سائنس کا مشغلہ
ماہ و مریخ جب تک ہیں جلوہ فگن
ختم ہو گا نہ تحقیق کا سلسلہ
آیئے ہم بھی اپنائیں سائنس کو
آج جو کچھ ہے سب ہے اسی کا صلہ
وقت کی یہ ضرورت ہے احمد علی
کر دیا ختم جس نے ہر اک فاصلہ

(۱۲) آر کے پچوری چیئرمین IPCC کو نوبل انعام برائے صلح ملنے پر

راجیندر کے پچوری کا بیحد اہم ہے کام
نوبل انعام صلح کا ہے آج جن کے نام
ہے اقتضائے وقت پلوشن کی روک تھام
اہل جہاں کو آج ہے ان کا یہی پیام
تنظیم ان کی رکھتی ہے ماحول پر نظر
خطرے میں آج جس سے ہے یہ عالمی نظام
اہل جہاں میں آج مسلسل ہے اضطراب
ان کی رپورٹ جب سے ہوئی ہر کسی پہ عام
مسموم آج آب و ہوا ہے کچھ اس طرح
سب پی رہے ہیں زہر ہلاکت کا ایک جام
انسان خود ہے اپنی ہلاکت کا ذمہ دار
نوع بشر سے لیتی ہے فطرت یہ انتقام
کوئی ہے قحط اور کوئی سیلاب کا شکار
چاروں طرف ہے آج مصائب کا دحام
ہے آج سب کے پیش نظر اپنا ہی مفاد

کرتا نہیں ہے کوئی "کیوٹو" کا احترام
خوشحال زندگی ہے جو احمد علی عزیز
کرنا پڑے گا اپنی حفاظت کا انتظام

(۱۴) منحصر ہے آج انٹرنیٹ پہ دنیا کا نظام

منحصر ہے آج "انٹرنٹ" پہ دنیا کا نظام
اشہب دوراں کی ہے اس کے ہی ہاتھوں میں لگام
۔۔"ورلڈ وائڈ ویب" میں ہے ممتاز 'گوگل ڈاٹ کام'
استفادہ کر رہے ہیں آج اس سے خاص و عام
سب سوالوں کا تسلی بخش دیتی ہے جواب
اس لئے مشہور ہے سارے جہاں میں اس کا نام
ہیں 'ریڈف میل' اور 'یاھو' بھی نہایت کارگر
جاری و ساری ہے ان کا بھی سبھی پر فیض عام
خدمت اردو میں ہیں مصروف 'اردوستان' اور
'انڈین مسلمس" ٹو سرکلس' خبریں ڈاٹ کام
ہے ذخیرہ علم کا انمول ۔۔" وکیپیڈیا"
آج حاصل کر رہے ہیں فیض جس سے سب مدام
ہیں وسیلہ رابطے کا یہ سبھی ویب سائٹیں
کر رہی ہیں خدمت خلق خدا جو صبح و شام
فاصلہ کچھ بھی نہیں ہے آج قرب و بعد میں
چند لمحوں میں کہیں بھی بھیج سکتے ہیں پیام

فارم بھرنا ہو کوئی یا بک کرانا ہو ٹکٹ
آج انٹرنیٹ سے ہے معقول اس کا انتظام
'ریڈیو' 'اخبار' 'ٹی وی' 'میڈیا' اہل نظر
استفادہ کر رہے ہیں آج اس سے خاص و عام
ہے معاون آج یہ سائنس کی تحقیق میں
ٹکنولوجی میں بھی اس سے لے رہے ہیں لوگ کام
قافلہ تحقیق کا ہے سوئے منزل گام زن
کام آئیگا مسلسل اس کا حسن انتظام
ہیں یہ 'ویب سائٹ' ضرورت وقت کی احمد علی
اس لئے اہل نظر کرتے ہیں ان کا اہتمام

(۱۴) آج ہے انفارمیشن ٹکنولوجی کی بہار

کوئی 'گوگل' پر فدا ہے کوئی 'یاہو' پر نثار
کوئی 'اردوستان' و 'وکیپیڈیا' کا ہے اسیر
ہے کسی کو صرف 'ٹو سرکلس نیٹ' کا انتظار
ہے 'بلاگ اسپاٹ' کا گرویدہ کوئی اور کوئی
کر رہا ہے دوسری ویب سائٹوں پر انحصار
'انڈیا ٹائمز' ہو 'جی میل' ہو یا 'ہاٹ میل'
چل رہا ہے 'آئی ٹی' سے آج سب کا کاروبار
آج ہے سائنس پر ہر چیز کا دار و مدار
اب نئی قدروں پہ ہے اہل جہاں کا اعتبار
اب نہیں کچھ فرق قرب و بعد میں 'ای میل' سے
لوگ آخر کیوں کریں اب نامہ بر کا انتظار
زندگی کا کوئی بھی شعبہ نہیں اس سے الگ
آج 'کمپیوٹر' پہ ہے سارے جہاں کا انحصار
ہو فضائی ٹکنولوجی یا نظام کائنات
کرتے ہیں معلوم اس سے گردش لیل و نہار
جانتے ہیں لوگ اس سے کیا ہے موسم کا مزاج

کیوں فضا میں اڑ رہے ہیں ہر طرف گرد و غبار
اس کا ہے مرہون منت آج سارا 'میڈیا'
جتنے سیٹ لائٹ ہیں سب کا ہے اسی پر انحصار
ہے سبھی سیٹ لائٹوں کا اس سے پیہم رابطہ
'ورلڈ وائڈ ویب' سے ہے یہ ہر کسی پر آشکار
عصر حاضر میں نہیں اس سے کسی کو ہے مفر
پڑتی ہے اس کی ضرورت ہر کسی کو بار بار
'آئی ٹی' کو آپ بھی اپنایئے احمد علی
آج ہے اس کے لئے ماحول بیحد سازگار

(۱۵) آج سب کی دشمن جاں ہے گلوبل وارمنگ

آج سب کی دشمن جاں ہے گلوبل وارمنگ
روز و شب آتش بداماں ہے گلوبل وارمنگ
زد میں ہیں اسکی ہمیشہ آب و آتش خاک و باد
آتش سیال و سوزاں ہے گلوبل وارمنگ
لوگ قبل وقت مرگ فاجعہ کے ہیں شکار
داستان غم کا عنواں ہے گلوبل وارمنگ
آئی پی سی سی نے کر دی یہ حقیقت بے نقاب
سب کی بربادی کا ساماں ہے گلوبل وارمنگ
گرین ہاؤس گیس کا اخراج ہے سوہان روح
انقلاب نظم دوراں ہے گلوبل وارمنگ
برف کے تودے پگھلتے جا رہے ہیں مستقل
اک ہلاکت خیز طوفاں ہے گلوبل وارمنگ
ایک طوفان حوادث آ رہا ہے بار بار
شامت اعمال انساں ہے گلوبل وارمنگ
ہے پریشاں حال ہر ذی روح اس سے مستقل
دشمن انسان و حیواں ہے گلوبل وارمنگ

ہے دگرگوں آج کل ہر وقت موسم کا مزاج
ہر گھڑی اک خطرۂ جان ہے گلوبل وارمنگ
ہے خزاں دیدہ گلستاں مضمحل ہیں برگ و گل
غارت فصل بہاراں ہے گلوبل وارمنگ
ہر کوئی جس کے اثر سے کھا رہا ہے پیچ و تاب
ایک ایسی آفت جاں ہے گلوبل وارمنگ
جس کا "پیمان کیوٹو" سے ہی ہو گا سد باب
اجتماعی ایسا نقصاں ہے گلوبل وارمنگ
ہے ضرورت عالمی تحریک کی اس کے لئے
سوزو ساز باد و باراں ہے گلوبل وارمنگ
ہے عناصر میں توازن باعث نظم جہاں
ساز فطرت پر غزل خواں ہے گلوبل وارمنگ
جائے تو جائے کہاں نوع بشر احمد علی
جس طرف دیکھو نمایاں ہے گلوبل وارمنگ

(۱۶) ہے گلوبل وارمنگ عہد رواں میں اک عذاب

ہے گلوبل وارمنگ عہد رواں میں اک عذاب
جانے کب ہو گا جہا ں سے اس بلا کا سد باب
گرین ہاؤس گیس سے محشر بپا ہے آج کل
جس کی زد میں آج ہے "اوزون" کا فطری حجاب
لرزہ بر اندام ہے نوع بشر اس خوف سے
اس کے مستقبل میں نقصانات ہونگے بے حساب
ہو نہ جائے منتشر شیرازۂ ہستی کہیں
IPCC نے کر دی یہ حقیقت بے نقاب
باز آئیں گے نہ ہم ریشہ دوانی سے اگر
بر ف کے تودے پگھلنے سے بڑھے گی سطح آب
اس سے فطرت کے توازن میں خلل ہے ناگزیر
عرش سے فرش زمیں پر ہو گا نازل اک عتاب
ذہن میں محفوظ ہے اب تک سنامی کا اثر
ساحلی ملکوں میں ہے جس کی وجہ سے اضطراب
ایسا طوفان حوادث الامان و الحفیظ
نوع انساں کھا رہی ہے جس سے اب تک پیچ و تاب

ہو سکا اب تک نہ "پیمان کیوٹو" کا نفاذ
ہے ضرورت وقت کی اپنا کریں سب احتساب
آیئے احمد علی برقی کریں تجدید عہد
ہم کریں گے مل کے برپا ایک ذہنی انقلاب

(۱۷) ہم مناتے ہیں کیوں عالمی ارض ڈے

ہم مناتے ہیں کیوں عالمی ارض ڈے
کیا ہیں اس کے ہمارے لئے فائدے
ہو زمیں کی بقا سب کے پیش نظر
خواب غفلت سے بیدار ہو جایئے
زد میں آلودگی کی ہیں اہل زمیں
نت نئے روز درپیش ہیں سانحے
خشک سالی کہیں ہے سنامی کہیں
آرہے ہیں کہیں پے بہ پے زلزلے
ایک محشر بپا ہے جدھر دیکھئے
بجھ گئے جانے کتنے گھروں کے دئے
آج آباد نوع بشر ہے وہاں
تھے جہاں پہلے جنگل ہرے اور بھرے
جن سے قائم توازن تھا ماحول میں
پیڑ پودے وہ ناپید اب ہو گئے
دوڑ میں ہم ترقی کی ہیں گام زن
لٹ نہ جائیں کہیں زیست کے قافلے

کوئی پسماندہ ہے کوئی خوشحال ہے
ختم ہونگے نہ جانے یہ کب فاصلے
فرش پر ہیں نظر ہے مگر عرش پر
اہل سائنس کے ہیں یہی مشغلے
ہونگے حائل نہ ہم آپ کی راہ میں
کامیابی کے طے کیجئے مرحلے

(۱۸) ایڈز کا کس طرح ہوگا سدِ باب

ہے جہاں میں اک مسلسل اضطراب
"ایڈز" کا کس طرح ہوگا سد باب
ہے یہ بیماری ابھی تک لاعلاج
کھا رہے ہیں لوگ جس سے پیچ و تاب
آج کل جو لوگ ہیں اس کے شکار
زندگی ہے ان کی گویا اک عذاب
اپنی لاعلمی سے ابنائے وطن
کر رہے ہیں ان سے پیہم اجتناب
درحقیقت ہے یہ اک مہلک مرض
جس سے ہیں خطرات لاحق بے حساب
جسم و جاں میں ہے توازن لمی
کیجئے ایسا طریقہ انتخاب
ہو نہ پیدا ان میں کوئی اختلال
جو بھی کرنا ہے ہمیں کر لیں شتاب
ہوتے ہی کمزور جسمانی نظام
روح میں ہوتا ہے پیدا اضطراب

سلب ہو جاتی ہے طاقت جسم کی
دینے لگتے ہیں سبھی اعضاء جواب
رفتہ رفتہ آتا ہے ایسا زوال
جسم کھو دیتا ہے اپنی آب و تاب
ماہرین طب ہیں سرگرم عمل
تاکہ اس کا کر سکیں وہ سد باب
جس طرح "ٹی بی" تھی پہلے لا علاج
آج ہے اس کا تدارک دستیاب
اس کا بھی مٹ جائیگا نام و نشاں
ہو گئی کوشش جو ان کی کامیاب
اک نہ اک دن تیرگی چھٹ جائیگی
دور ہو جائے گا ظلمت کا سحاب
کیجئے احمد علی حسن عمل
ہے ضروری ایک ذہنی انقلاب

(۱۹) ہے آلودگی باعث حادثات

مناتے ہیں ہم یوم ماحولیات
ملے تاکہ آلودگی سے نجات
نہیں ہے کوئی چیز اس سے مضر
خطر میں ہے اس سے نظام حیات
کوئی شہر میں ہو کہ دیہات میں
ہیں درپیش ہر شخص کو مشکلات
ہوئی 'یونین کاربائیڈ' سے جو
نہیں لوگ بھولیں گے وہ واردات
حوادث کا جاری ہے اک سلسلہ
ہیں تاریخ میں ثبت یہ سانحات
بہت خوب ہے صنعتی پیشرفت
ہیں آلودہ اس سے مگر شش جہات
صحتمند ماحول ہو گا جبھی
ہو آلودہ شہروں کی جلدی شناخت
اسی میں ہے ہر شخص کی بہتری
کثافت سے محفوظ ہو کائنات

فضا دن بہ دن ہو رہی ہے کثیف
پریشاں ہے ہر شخص دن ہو کہ رات
'کیوٹو' پہ جب تک نہ ہو گا عمل
جہاں سے نہیں ہونگے کم حادثات
ہیں حالات حد درجہ تشویشناک
تباہی کی زد میں ہیں اب جنگلات

(۲۰) ہے آلودگی نوعِ انساں کی دشمن

سلو پوائزن ہے فضا میں پلوشن
ہر اک شخص پر یہ حقیقت ہے روشن
یونہی لوگ بے موت مرتے رہیں گے
نہ ہو گا اگر جلد اس کا سلوشن
بڑے شہر ہیں زد میں آلودگی کی
جو حساس ہیں ان کو ہے اس سے الجھن
فضا میں ہیں تحلیل مسموم گیسیں
ہے محدود ماحول میں "آکسیجن"
جدھر دیکھئے "کاربن" کے اثر سے
ہے مایل بہ پژمردگی صحن گلشن
کسی کو "دمہ" ہے کسی کو "الرجی"
مکدر ہوا سے کسی کو ہے "ٹینشن"
جوانوں کے اعصاب پر ہے نقاہت
بزرگوں کی اب زندگی ہے اجیرن
کہاں جائیں ہم بچ کے آلودگی سے
کہیں بھی نہیں چین گلشن ہو یا بن
کئی ۔۔"یونین کاربائڈ" ہیں اب بھی

جو در پردہ ہیں نوع انساں کے دشمن
شب و روز آلودگی بڑھ رہی ہے
ہیں ندیاں سراسر کثافت کا مخزن
جہاں گرم سے گرم تر ہو رہا ہے
نہ ہو جائے نوع بشر اس کا ایندھن
ہے "اوزون" بھی زد میں آلودگی کی
جو ہے کرۂ ارض پر سایہ افگن
جو بھرتے ہیں دم رہبری کا جہاں کی
وہ رہبر نہیں درحقیقت ہیں رہزن
"کیوٹو" سے کرتے ہیں خود چشم پوشی
لگانے چلے دوسروں پر ہیں قدغن
بناتے ہیں خود ایٹمی اسلحے وہ
سمجھتے ہیں خود کو مگر پاک دامن
"سنامی" ہے انکے لئے درس عبرت
دکھانے چلے ہیں جو فطرت کو درپن
سلامت رہے جذبۂ خیرخواہی
چھڑائیں سبھی اس مصیبت سے دامن
ہے احمد علی وقت کی یہ ضرورت
بہرحال اب سب پہ نافذ ہو قدغن

(۲۱) ہر کوئی آلودگی کا ہے شکار

آج کل ماحول ہے ناسازگار
ہر طرف ہے ایک ذہنی انتشار
ہے بڑے شہروں میں جینا اک عذاب
ہر کوئی آلودگی کا ہے شکار
آ رہے ہیں لوگ شہروں کی طرف
گاؤں کا ناگفتہ بہ ہے حال زار
نت نئے امراض سے ہے سابقہ
پر خطر ہے گردش لیل و نہار
آ رہا ہے جس طرف بھی دیکھئے
ایک طوفان حوادث بار بار
بڑھتی جاتی ہے "گلوبل وارمنگ"
لوگ ہیں جس کے اثر سے بیقرار
ہے دگرگوں آج موسم کا مزاج
گردش حالات کے ہیں سب شکار
جسکو دیکھو برسر پیکار ہے
دامن انسانیت ہے تار تار

ہے   'گلوبل   وارمنگ'   احمد   علی
اک   مسلسل   کرب   کی   آئینہ   دار

(۲۲) آلودگی مٹائیں

مِل جل کے آیئے ہم ایسی فضا بنائیں
آلودگی کی جملہ اقسام کو مٹائیں
عصر جدید کی یہ سب سے بڑی ہے لعنت
نوع بشر کو اس سے ہر حال میں بچائیں
ہے' کاربن' بکثرت، محدود 'آکسیجن'
'کلورین' کے اثر سے مسموم ہیں فضائیں
سب سے بڑی جہاں میں نعمت ہے تندرستی
ہر شخص کو توجہ اس بات پر دلائیں
ہے باعث سعادت خلق خدا کی خدمت
اب آیئے بخوبی اس فرض کو نبھائیں
ہو برقرار جس سے ماحول میں توازن
حسن عمل سے اپنے وہ کام کر دکھائیں
مد نظر ہو اپنے ہر حال میں توازن
تازہ ہوا میں گھومیں خالص غذائیں کھائیں
ہر چیز الغرض ہے آلودگی کی زد میں
ہے فرض عین اپنا اس سے نجات پائیں
اک بیحسی سی طاری ' احمد علی' ہے سب پر
روداد عصر حاضر آخر کسے سنائیں

(۲۳) کیجئے آلودگی کا سدِ باب

کیجئے آلودگی کا سد باب
نوع انساں کے لئے ہے یہ عذاب
ہے اگر درکار حفظان صحت
کیجئے اس سے ہمیشہ اجتناب
جان کا جنجال ہے آلودگی
ہیں مضر اثرات اس کے بے حساب
کارخانوں کی مضر گیسوں سے آج
جسکو دیکھو کھا رہا ہے پیچ و تاب
ہر طرف ہے 'کاربن' ہی 'کاربن'
'آکسیجن' کا توازن ہے خراب
گھٹ رہا ہے دم مکدر ہے فضا
زندگی میں کچھ نہیں ہے آب و تاب
ہے 'فلورائڈ' کا پانی میں اثر
جس سے ہے لوگوں میں بے حد اضطراب
جھک گئی فرط نقاہت سے کمر
اس سے ہے درکار چھٹکارا شتاب
ہے پریشاں حال ہر چھوٹا بڑا

اب بڑے شہروں میں جینا ہے عذاب
نیند کی گولی بھی اب ہے بے اثر
اڑ گیا ہے آج کل آنکھوں سے خواب
شکل میں آلودگی کی آج کل
ہے مسلط ہم پہ فطرت کا عتاب
ان گنت درپیش ہیں ایسے سوال
جن کا ملنا ہے ابھی باقی جواب
مختصر ہے زندگی کا یہ سفر
جو بھی کرنا ہے ہمیں کر لیں شتاب
ہر کسی کے ذہن میں ہے یہ سوال
آج کیوں ماحول ہے اتنا خراب
ہے ضرورت وقت کی احمد علی
سب کریں مل جل کے اسکا احتساب

(۲۴) جدھر دیکھو ادھر آلودگی ہے

جِدھر دیکھو ادھر آلودگی ہے
سبھی پر آج طاری بیحسی ہے
کثافت اب شعار زندگی ہے
نمایاں ہر طرف پژمردگی ہے
فضا آلودگی سے پاک رکھئے
اگر درکار حسن زندگی ہے
نہ ہو گا کینسر لاحق کسی کو
سبھی بیماریوں کی ماں یہی ہے
سبھی کچھ منحصر ماحول پر ہے
اگر ماحول میں پاکیزگی ہے
ترو تازہ رہے گا ذہن اس سے
سکون قلب کا ضامن یہی ہے
نشاط و کیف سے سرشار ہو گا
اسی سے ذہن میں بالیدگی ہے
گلوں میں رنگ و بو قائم ہے اس سے
شگفتہ آج اسی سے ہر کلی ہے
نہیں ہے اس سے بہتر کچھ بھی برقی
یہی اپنی متاع زندگی ہے

(۲۵) زد میں آلودگی کی ہیں پیر و جواں

گرم سے گرم تر ہو رہا ہے جہاں
بھاگ کر کوئی جائے تو جائے کہاں
ہر طرف گاڑیاں ہیں رواں اور دواں
زد میں آلودگی کی ہیں پیر و جواں
شہر میں اس قدر ہے مکدر فضا
ہر طرف جیسے چھایا ہوا ہو دھواں
گاؤں کی زندگی تھی بہت خوشنما
اب وہاں بھی ہیں آلودگی کے نشاں
آج کل سطح 'اوزون' خطرے میں ہے
ہیں یہ انسان کی کارفرمائیاں
کوئی محفوظ آلودگی سے نہیں
نت نئی جس سے لاحق ہیں بیماریاں
ہے 'سنامی' کہیں اور کہیں زلزلہ
فتنہ پرور ہیں موسم کی تبدیلیاں
زہر آلود ہیں کھاد، پانی، ہوا
موسم گل میں چھائی ہے فصل خزاں
زندگی میں نہیں آج کوئی رمق

ہیں جوانوں کے چہرے پہ بھی جھریاں
راہ پر ہم ترقی کی ہیں گام زن
جس کا ثمرہ ہیں ذہنی پریشانیاں
کوئی آسودہ خاطر نہیں آج کل
عصرِ حاضر میں بے کیف ہیں جسم و جاں
جسم و جاں کے تحفظ سے قطع نظر
ہیں 'کلوننگ' میں مصروف سائنسداں
جن کی ریشہ دوانی سے نالاں ہیں سب
دوسروں پر اٹھاتے ہیں وہ انگلیاں
پہلے کر لیں وہ بہتر نظام زمیں
چاند پر پھر بسائیں گے آبادیاں
روح کو جس سے حاصل ہو آسودگی
ہم کو درکار ہیں ایسی رعنائیاں
جو ہیں حساس ان کی دعا ہے یہی
ختم آلودگی کا ہو نام و نشاں

(۲۶) بیادِ سر سید

ہے یہ سر سید کا فیضان نظر
جس نے شہر علم کے کھولے ہیں در
ہے علی گڈھ میں جو ان کی یادگار
ان کے نخل آرزو کا ہے ثمر
گامزن راہ ترقی پر ہیں ہم
ان کی تعلیمات کا ہے یہ اثر
اپنے فرض منصبی کے ساتھ ساتھ
ان کی تھی حالات پر گہری نظر
لکھ کے اسباب بغاوت پر کتاب
قوم کے تھے چارہ گر بعد غدر
جس گھڑی کوئی نہ تھا پرسان حال
تھی بھلائی قوم کی پیش نظر
وہ شعور علم و فن کے تھے نقیب
علم کی عظمت سے تھے وہ باخبر
قوم کو ترغیب دے کر علم کی
زندۂ جاوید ہے وہ دیدہ ور

یوم سر سید منائیں کیوں نہ ہم
ان کا ہے احسان ملک و قوم پر
زیب تاریخ جہاں ہے ان کا نام
کام ہے ان کا نہایت معتبر
تھے وہ بزم علم و فن کی روشنی
ہر طرف جو آج تک ہے جلوہ گر
علم ہے قفل سعادت کی کلید
علم سے ہے سرخرو نوع بشر
علم سے بڑھ کر نہیں ہے کوئی شے
اس کے آگے ہیچ ہے سب مال و زر
ان کا برقی ہے یہ احسان عظیم
ہیں علوم عصر سے ہم باخبر

***